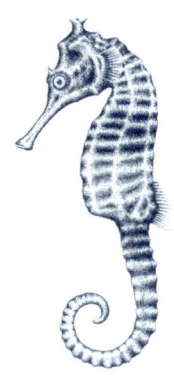

Ringel Seepferdchen

Lasse Hölck
Mit Illustrationen von Florian Weiss

· ·

Ringel Seepferdchen

kunstanst!fter verlag

wenig zu schlafen. Es gab auch nicht viel mehr zu tun, als mit den anderen Meeresbewohnern ein Schwätzchen zu halten. Anders die kleinen Seepferdchen, die immer in Bewegung waren und nie zur Ruhe kommen wollten. Sie veranstalteten Wettringeln zwischen den Korallen und immer gab es etwas Neues zu entdecken. Am liebsten aber spielten sie Verstecken. Welcher Spielplatz dieser Welt hätte sich auch besser dafür geeignet? Hier gab es Hunderte, ja, Tausende von Verstecken. Geduckt in einem Topfschwamm zum Beispiel, war so ein Seepferdchen kaum noch zu sehen. Eingekuschelt in einem kleinen Anemonenwäldchen, verschwand es fast ganz und gar.

Unter den spielenden Seepferdchen befand sich wie üblich auch Ringel. Er war einer der besten Versteckspieler der ganzen Unterwasserwelt. Diesmal wollte er es wagen, in eine große Muschel zu kriechen und kitzelte sie so lange, bis sie sich öffnete. Doch er staunte nicht schlecht: Sein Versteck war bereits besetzt, denn aus dem Inneren der Muschel blickte ihn ein Seepferdchen mit großen Augen an. Ringel besah sich sein Gegenüber. Es sah ein wenig verbogen aus und schien seine Bewegungen nachzuahmen. Aber anders als alle Seepferdchen, die er kannte, trug dieses keine Krone, sondern hatte einen blanken Kugelkopf. Ringel schwamm ein wenig höher, um sich den ungewöhnlichen Kopfschmuck von oben anzusehen. Doch das Seepferdchen in der Muschel bewegte sich wieder mit, und er konnte ihm nur ins Gesicht sehen. Da dämmerte ihm etwas.

Als das Seepferdchen bei den Geweihkorallen ausgezählt hatte, wurde Ringel als Erster entdeckt. Das war bis dahin noch nie vorgekommen und alle wunderten sich sehr darüber. In den kommenden Tagen spielte Ringel nicht mehr mit den anderen, sondern blieb für sich und runzelte tief die Stirn. Ringel grübelte. In der Perle hatte er niemand anderen als sich selbst gesehen. Das Spiegelbild hatte ihm gezeigt, dass sein Kopf glatt und rund war. Plötzlich schämte er sich und beschloss, dass er sich ohne Krone nicht mehr unter seinesgleichen zeigen konnte.

Mit raschen Flossenschlägen schwamm er bis an den Rand des großen Felsens und ließ seinen Blick an den Tintenfischen vorbei ins weite Meer hinausschweifen. »Irgendwo dort«, sagte er zu sich »wird sich doch eine geeignete Krone finden, die ich mir aufsetzen kann.« Von den alten Seepferdchen hatte er abends am Lagerwasser die abenteuerlichsten Geschichten gehört, von gestorbenen Schiffen, weißen Walen, endlosen Anemonengärten und den kuriosesten Panzertierchen. »Sicherlich!«, murmelte er und schwamm davon.

Er war noch gar nicht so lange geschwommen, da hörte er plötzlich eine Stimme. Sie klang wie das Grollen der Wellen bei Sturm und gehörte zu Kalle, dem Einsiedlerkrebs. »Was machst Du denn hier?«, knurrte Kalle. Er war etwas mürrisch, denn seine Hausmuschel war ihm abhanden gekommen und er hatte bis jetzt nur einen ziemlich miesen Unterstand gefunden. »Ich suche eine Krone«, antwortete Ringel. »Eine echte Seepferdchenkrone, denn mein Kopf sieht aus wie eine Perle und das gehört sich nicht bei uns Seepferdchen.«

»So, so.«, Kalle, der Einsiedlerkrebs dachte nach. »Na, dann machen wir uns doch mal auf die Suche nach einer Krone. Vielleicht finde ich auf dem Weg auch eine neue Hausmuschel. Ich hätte gerne eine mit Veranda.« Gemeinsam zogen sie weiter und Ringel war froh, dass er nicht mehr allein war. »Diese rastlose Jugend!«, sagten die Seeschildkröten zueinander, als sie die beiden neuen Freunde an sich vorbeiziehen sahen. »Vor einhundertzwanzig Jahren waren die Lütten noch nicht so unruhig.« Mit Kalle an seiner Seite fühlte sich Ringel schon viel zuversichtlicher. Sie zogen durch das Riff und hielten Ausschau nach einer Krone und einer wohnlichen Muschel mit Veranda. Kalles Laune wurde dabei nicht besser, denn immer wieder versuchten Fische ihm in das ungeschützte Hinterteil zu zwicken. Als ihnen vom vielen Suchen schon die Augen weh taten und Kalle immer wildere Flüche von sich gab, fanden sie sich von einem Flossenschlag auf den anderen auf einer großen Lichtung im Riff wieder.

In seiner Mitte lagen Dinge, die weder Kalle noch Ringel je gesehen hatten. Sie schienen teils kreisrund, teils schnurgerade gewachsen zu sein und um sie herum, wie ein Sternenhimmel am Meeresgrund, blitzten und blinkten funkelnde Scheiben und anderer Glitzerkram.

Die beiden Freunde beäugten neugierig ihren Fund, stellten aber einstimmig fest, dass sich das Zeug weder als Krone noch als wohnliche Hausmuschel mit Veranda eignete. Da hörten sie über sich ein Stimmchen. »Hallo ihr beiden! Habt ihr das etwa noch nie gesehen? Es glitzert und glänzt zwar schön, aber leider kann man es nicht essen.« Über ihnen schwamm ein kleiner blauer Fisch, der deutlich Mühe hatte, geradeaus zu schwimmen. »Was macht ihr hier in unserer Gegend, ich habe euch noch nie gesehen?«, fragte er die beiden.

Während Ringel von ihrer Suche erzählte, kreiselte der kleine blaue Fisch mühsam etwas näher heran. »Oh, eure Probleme hätte ich gerne!«, rief er. »Schaut, womit ich zu kämpfen habe! Diese kleine Anemone hat sich ohne zu fragen an mich geheftet und will nicht mehr weg, bis ich ihr einen ebenso schönen Platz irgendwo anders anbieten kann.« Ringel machte große Augen. Richtig, da hing eine kleine Anemone am kleinen blauen Fisch. Wie hübsch, dachte er. »Sie sagt, sie verreise gerne und möchte partout nicht irgendwo anders kleben bleiben«, klagte der Bläuling. »Kann ich euch nicht ein Stück begleiten, um einen passenden Platz für sie zu finden? Alleine habe ich zuviel Angst.« Ringel und Kalle hatten nichts dagegen. Und so waren sie mit Jon, denn so hieß der kleine blaue Fisch, und der Anemone schon zu viert.

Ringel, Kalle und Jon hatten nun das Korallenriff am großen Felsen schon weit hinter sich gelassen. Der Meeresboden unter ihnen erschien wie ein dichter Dschungel aus den saftigsten Seegräsern und den kostbarsten Korallen. Regenbogenfische glitten darüber hinweg und ein Rotfeuerfisch strich ruhig durch das Wasser. Sogar ein Ochsenfisch saß dort auf einem Sandstreifen und glotzte in die Gegend. Auf einem uralten Korallenklumpen aber lag ein erschöpfter Seestern.

Als er die Reisenden näher kommen sah, rief er ihnen zu: »Oh – mir ist so langweilig! Als Seestern sollte ich eigentlich froh sein, den ganzen Tag faul in der Sonne liegen zu können, aber auf Dauer ist das so furchtbar öde! Wollt ihr nicht hierbleiben und mir Geschichten erzählen?« Ringel und seine Freunde waren zum Plaudern aufgelegt und so fingen sie an zu erzählen. Die anderen Seesterne schauten einen Moment gelangweilt auf, räkelten sich ein wenig und saugten sich seufzend wieder fest, ohne weiteres Interesse dafür aufzubringen.

Kalle brachte derweil seine Freunde und den Seestern mit Anekdoten aus seiner Jugend zum Lachen. Er war ein Teufelskerl gewesen und hatte einmal mit seiner alten Reisemuschel fast das ganze Korallenriff umrundet. Als sie wieder aufbrechen wollten, wurde der Seestern ganz traurig. »Komm doch mit uns mit«, schlug Ringel ihm vor. »Du kannst dich an meinem Bauch festhalten!« So schwammen sie dann weiter. Schließlich begann es dunkel zu werden und sie beschlossen, in einem wuseligen Algendickicht die Nacht zu verbringen. Als sie am nächsten Morgen aufwachten, trauten sie ihren Augen nicht. Da war ein Leuchten im Wasser, überall, und höchst eigentümliche Fische schwammen darin umher.

Auch die Korallen schienen nicht von dieser Unterwasserwelt zu sein. Kalle, Ringel und Jon mit ihren beiden Anhängseln standen reglos und staunend im Wasser, als plötzlich hinter ihnen eine tiefe Stimme erklang. »Beim Dreizack des Poseidon! Wer hat sich denn hier in meinen Algengarten verschwommen?« Sie drehten sich erschrocken um. Aber vor ihnen sahen sie nichts weiter als Algen, die sich in der Strömung hin- und herwiegten. »Mein Name ist Phycodurus. Tarnung ist meine Spezialität!« Die tiefe Stimme klang sehr zufrieden, als sie das sagte. Langsam erkannte Ringel einen Kopf, der fast wie der eines Seepferdchens aussah. Nun sah er auch, dass die Algen in Wirklichkeit aus Flossen bestanden, die an einem zierlichen Körper angewachsenen waren. Das musste ein Fetzenfisch sein!, schoss es Ringel durch den blanken Kopf. Seine Großmutter hatte ihm oft von der Klugheit dieser geheimnisvollen Fische erzählt. »Guten Morgen«, sagte er schüchtern zu dem riesigen Fetzenfisch. »Entschuldige bitte, wenn wir dich aufgeweckt haben, aber gestern war es schon so dunkel und wir haben nicht mehr gewusst, wo wir sind.« Während Ringel ihm aufgeregt von ihrer Reise erzählte, nickte der Fetzenfisch mit seinem Kopf. »Ich sehe, ich sehe«, brummte er und ließ seinen Blick schweigsam von einem zum anderen wandern. »Aber warum sucht und sucht ihr unentwegt? Ihr fünf seid euch wahrlich selbst genug. Die Lösung liegt nur in euch selbst!« Und ohne ein weiteres Wort zu verlieren, wandte er sich um und verschwand in den Algen. »Halt, warte!«, riefen die Freunde. »Was meinst du denn damit?« Aber der Fetzenfisch war schon nicht mehr zu erkennen.

Lange saßen sie herum und dachten über die geheimnisvollen Worte des Fetzenfisches nach. »Wie können wir uns selbst genug sein? Wie soll die Lösung in uns selbst liegen?«, grummelte Kalle missmutig. »Zwei von uns suchen etwas, einer will was loswerden und der dritte kann sich nicht einmal bewegen. Kommt, lasst uns zurückgehen, mir ist das hier alles viel zu unheimlich.«

Ringel saß ein wenig abseits und beobachtete einen Putzerfisch bei der Arbeit. Plötzlich ging ihm ein Meeresleuchten auf. »Das ist die Lösung!«, rief er und schlug einen Purzelbaum. »So muss der Fetzenfisch das gemeint haben! Kommt mit!« In kurzen Zügen schwamm Ringel so rasch auf einen kleinen Korallenhügel hinauf, dass die anderen ihm nur mit Mühe folgen konnten.

Als er ihnen seine Idee erklärte, glucksten sie vor Freude so sehr, dass kleine Luftbläschen aufstiegen. Sie redeten der kleinen Anemone gut zu und überzeugten sie ohne Mühe, von Jons Fischbauch auf Ringels Kopf zu steigen. Und der Seestern setzte sich auf Kalles Hinterteil. »Vorsicht!«, knurrte Kalle ihm zu. »Saug dich ja nicht zu fest, ich bin da sehr empfindlich!« Als sie sich so ansahen, merkten sie, wie recht der Fetzenfisch gehabt hatte.

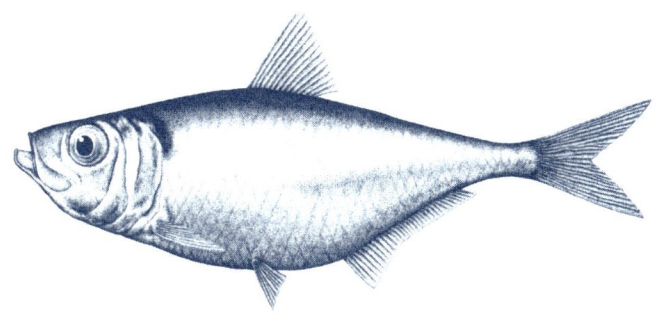

Ringel besaß nun eine wunderbare Krone und Jon konnte wieder frei und ungehindert umher-schwimmen. Kalle brauchte sich keine Sorgen mehr um sein Hinterteil zu machen und der Seestern wurde von einer Unterhaltung zur nächsten getragen. Damit waren alle zufrieden und sie machten sich glücklich auf den Nachhauseweg. Als sie endlich wieder am großen Felsen angekommen waren, staunten die anderen Seepferdchen nicht schlecht. »Ringel, wo warst du denn? Wo hast du nur diese tolle Krone her?«, fragten sie. Ringel bewegte sein gekröntes Haupt bedächtig vor und zurück und erzählte seinen Seepferdchenfreunden seine abenteuerliche Geschichte. Seine neue Anemonenkrone rückte sich dabei ganz von selbst zurecht.

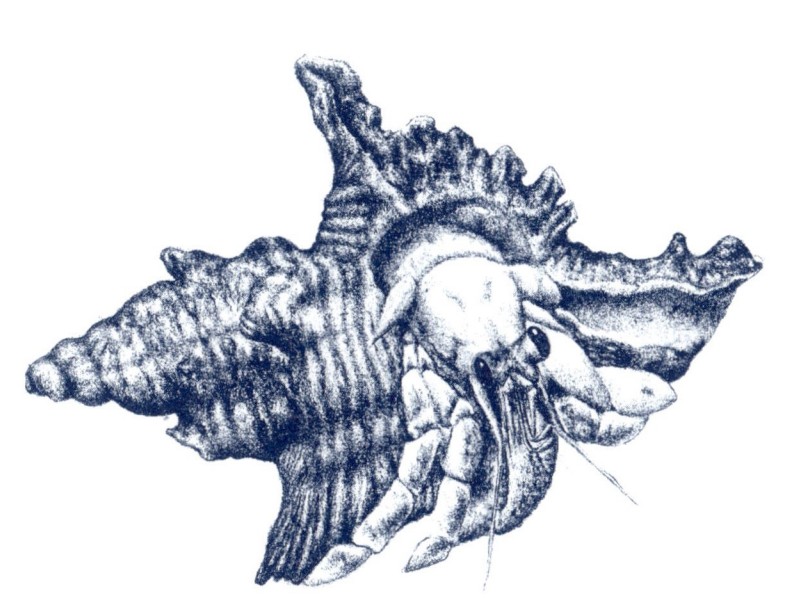

Coenobita rugosus

Hippocampus kuda

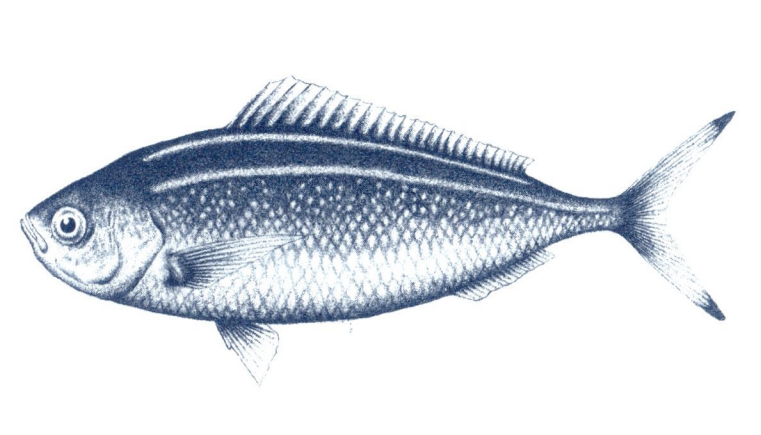

Pterocaesio digramma   *Astropecten Aranciacus*

Copyright © by kunstanstifter verlag Mannheim 2011
Kunstanstifter Verlag eKfr., Mannheim

Illustrationen: Florian Weiß, Berlin
Text: Lasse Hölck, Berlin
Buchgestaltung & Typografie: Franziska Walther, Weimar
Korrektorat: Eva Harker, Münster

Inhalt gedruckt auf Munken Lynx. Gesetzt in der FF Quadraat von Fred Smeijers.
Druck und Bindung: E&B engelhardt und bauer, Druck und Verlag GmbH, Karlsruhe

Printed in Germany – Erste Auflage 2011
978-3-942795-01-2

Unsere Adresse im Internet: www.kunstanstifter.de